NOUVELLES
Histoires
drôles

Texte : Jeanne Olivier
Illustration de la couverture :
Philippe Germain

EH Héritage jeunesse

Nouvelles Histoires drôles no 10
Illustration de la couverture : Philippe Germain
Conception graphique de la couverture : Michel Têtu
© Les éditions Héritage inc. 1999
Tous droits réservés

Dépôts légaux : 3e trimestre 1999
Bibliothèque nationale du Québec
Bibliothèque nationale du Canada

ISBN : 2-7625-0853-3
Imprimé au Canada

Les éditions Héritage inc.
300, rue Arran
Saint-Lambert (Québec) J4R 1K5
Téléphone : (514) 875-0327
Télécopieur : (450) 672-5448
Courriel : info@editionsheritage.com

*À tous ceux
qui aiment bien rigoler!*

J. O.

Dans la jungle, deux amis voient arriver un lion. Un des deux monte aussitôt dans un arbre. Son copain prend son fusil et vise le lion en tremblant.

— J'espère que je vais réussir à l'atteindre, dit-il en tremblant toujours.

— Pas grave! lui dit son ami dans l'arbre. De toute façon, si tu le manques, il y en a un autre juste derrière toi!

•

Un touriste qui visite l'Australie demande au réceptionniste de l'hôtel:

— Comment appelle-t-on les ascenseurs, ici?

— Mais monsieur, comme partout ailleurs, on les appelle en appuyant sur le bouton!

•

Sébastien: Je vais te raconter une histoire.

Marilène: O.K.

Sébastien: Pet et Répète sont sur un arbre. Pet tombe en bas. Qui est-ce qui reste?

Marilène : Ah ! je la connais ton histoire ! Si je réponds « Répète », tu vas répéter la blague sans arrêt. Alors pour te mêler un peu, je vais répondre « Pet ».

Sébastien : O.K. Tu l'auras voulu !

•

Laure : Je commence à en avoir assez !

Sophie : Pourquoi ?

Laure : Chaque nuit, je rêve que je suis une vache et que je mange du foin.

Sophie : Mais c'est pas bien grave ! Ça peut arriver à tout le monde de faire un rêve pareil !

Laure : Ouais, peut-être... mais moi je commence à en avoir assez de me réveiller tous les matins avec un oreiller en moins dans mon lit !

•

Pourquoi le petit renne a le nez rouge ?

Parce qu'il a la grippe !

•

Quel est l'astre qu'on peut manger?
Un croissant de lune!

●

Natacha : Pourquoi tu gardes tous tes jouets de bébé?

Fanny : Ben... c'est pour mes enfants!

Natacha : Mais si tu n'as pas d'enfants?

Fanny : Alors ce sera pour mes petits-enfants!

●

— Est-ce que tu saurais comment faire pour ramasser dans une flaque d'eau un billet de trois dollars sans toucher à l'eau?

— Euh... non.

— Ah! Ah! c'est impossible! Un billet de trois dollars ça n'existe pas!

●

Une famille d'ours polaires se promène au pôle Nord.

— Maman, demande le petit dernier, est-ce que je suis un vrai ours polaire?

— Mais oui, mon petit, répond sa maman. Comme moi et comme ton papa.

La famille continue sa promenade. Quelques minutes plus tard, le petit demande à son père:

— Papa, est-ce que moi je suis vraiment un vrai ours polaire?

— Oh oui! Tu es un ours polaire comme moi, comme ta maman et comme ta grand-mère, répond le père.

Le petit ours continue son chemin. Quelque temps après, il va retrouver sa grand-mère.

— Grand-maman, est-ce que je suis un vrai vrai ours polaire?

— Mais oui, mon chéri, et ton papa et ta maman aussi sont de vrais ours polaires. Mais pourquoi tu me demandes ça?

— Parce que j'ai froid...

•

— Qu'est-ce qui se trouve en plein milieu d'un arbre?

— Je ne sais pas.

— La lettre b.

•

Qu'est-ce qui vole dans le ciel sans moteur?

Un cerf-volant.

•

Au guichet du cinéma:

— Bonjour, je voudrais un billet s'il vous plaît.

— Bien sûr, monsieur. C'est pour « Le Fugitif »?

— Non, non. C'est pour moi!

•

Paul: Alexandra, es-tu capable de dire bonjour en chinois?

Alexandra: Non, toi?

Paul: Absolument!

Alexandra: Ah! oui? Dis-le donc!

Paul: Bonjour en chinois!

•

Deux copains s'en vont visiter la Louisiane.

— C'est l'endroit idéal pour trouver des souliers de crocodile, dit l'un d'eux. Allons nous promener dans le bayou.

Ils s'installent sur le bord de l'eau et attendent.

— Tiens-toi prêt, dit son copain. Aussitôt qu'on aperçoit un crocodile, toi tu le retiens, et moi je lui enlève ses souliers !

●

— Maman! s'écrie Odile en voyant un porc-épic pour la première fois. Regarde, un cactus qui marche !

●

Deux cousines se parlent au télé-phone :

— Allô! As-tu reçu ma lettre ?
— Non, c'est bizarre !
— Pourtant c'est normal, je ne l'ai pas encore envoyée !

●

— Savais-tu que les phoques savent lire?

— Hein? Je ne te crois pas!

— Oui, oui, je te le dis!

— Et comment ils apprennent?

— Avec l'alphabet Morse!

●

— Connais-tu la blague du soleil?

— Non.

— Elle est juste au-dessus de ta tête!

●

Jean-Yves téléphone en catastrophe à l'hôpital:

— Vite! Dites-moi quoi faire! Mon père vient de tomber la tête la première dans une ruche!

— Gardez votre calme et émmenez-le tout de suite à l'urgence! On va lui faire une petite piqûre!

●

Toc! Toc! Toc!

— Qui est là?

— Sara.
— Sara qui ?
— Sara lentit !

•

Que se disent deux chiens qui se rencontrent à Tokyo ?
Jappons !

•

Pourquoi le squelette n'a plus de peau ?
Parce que s'il en avait, ce ne serait pas un squelette !

•

Deux millionnaires font de la bicyclette ensemble. L'un d'eux tombe et s'écorche le genou.
— Vite ! s'écrie-t-il, allez m'acheter un hôpital !

•

Toc ! Toc ! Toc !
— Qui est là ?
— Riz.

— Riz qui?
— Riz ra bien qui rira le dernier!

•

— Sais-tu quel est le légume préféré des Inuit?
— Non.
— La laitue iceberg!

•

— Je viens de trouver un fer à cheval!
— Chanceux! Il paraît que ça porte bonheur!
— Même si je l'ai trouvé parce qu'il m'est tombé sur la tête?

•

Deux voisins discutent:
— Ton chien a encore jappé toute la nuit. Tu sais que c'est un signe de mort!
— Ah oui? La mort de qui?
— Celle de ton chien, s'il recommence une autre nuit!

•

— Si tu échappes un chat en parfaite santé dans la mer Morte, comment en sort-il?

— Je ne sais pas.

— Mouillé!

•

Simon et Simone sont à la maison. Un train passe. Simon et Simone sont morts et on trouve par terre à côté d'eux de la vitre et de l'eau. Comment expliquer ce mystère?

Simon et Simone sont des poissons rouges!

•

Pour un professeur, qu'est-ce qui est plus dur à supporter qu'un élève qui parle tout le temps?

Deux élèves qui parlent tout le temps!

•

En revenant de l'école, Justin rencontre son pire ennemi.

— Ah! Te voilà, toi! dit-il en l'attrapant par le collet dans la main. Je peux dire qu'il y a un super imbécile au bout de mon bras !

— À quel bout ? répond l'ennemi.

•

Monsieur Beauregard dit au cambrioleur :

— Enfin ! vous voilà, vous ! Ça fait des années que ma femme me réveille toutes les nuits en me disant qu'il y a un voleur dans la maison !

•

Qu'est-ce que monsieur Pieuvre dit au père de sa future épouse ?

Je vous demande les mains de votre fille.

•

Pourquoi il vaut mieux ne pas aller dans la jungle entre midi et treize heures ?

Parce que c'est à cette heure-là que les éléphants descendent des arbres.

•

Pourquoi les alligators ont la tête plate ?

Parce qu'ils se sont promenés dans la jungle entre midi et treize heures !

•

Comment s'appelle le plus grand boxeur russe ?

Ydonn Débaf.

•

Quelle est la lettre de l'alphabet la plus mouillée ?

O.

•

Toc ! Toc ! Toc !

— Qui est là ?
— C.
— C qui ?
— C. les vacances qui commencent !

•

— Maman ! tout le monde me dit que j'ai des grands pieds !

— Mais non, mon chéri. Enlève tes souliers et va les ranger dans le garage!

•

— Qui, demande le prof, peut me dire quel est le vrai nom du petit doigt?

— C'est l'auriculaire, répond Guy.

— Oui, c'est ça. Et pourquoi porte-t-il ce nom-là?

— Moi je le sais, dit Andrée. C'est parce qu'on le met souvent dans l'oreille.

— Très bien. Maintenant, dit-il en montrant son index, comment s'appelle ce doigt-ci?

— Le nez-culaire, répond Juan, parce que c'est là qu'on le met le plus souvent!!!

•

Comment font les éléphants pour descendre des arbres?

Ils s'asseoient sur une feuille et attendent l'automne!

•

Dans la salle d'opération :

— Docteur, dit le patient, je vous ai reconnu, vous pouvez enlever votre masque !

•

— Je me sens seul ces temps-ci. J'ai l'impression que personne ne s'intéresse à moi.

— J'ai un excellent truc pour toi.

— Ah oui ? Lequel ?

— Essaie de manquer l'école un jour ou deux. Je te garantis que le directeur va penser très fort à toi !

•

Un jeune garçon qui veut apprendre le français se promène dans la rue et écoute les gens. Il croise un homme qui dit à son fils : «Si tu veux m'aider à enlever la neige, tiens bien le manche de pelle !» Le petit garçon répète dans sa tête : manche de pelle. Un peu plus tard, il entend un homme demander à sa femme : «Viens-tu avec moi acheter des graines chez l'animalier, c'est pour ma perruche.» Le petit garçon retient : pour ma perruche. La femme répond : « Non, je te laisse y aller tout seul. »

Le garçon est bien content de sa journée. Il est fier de tout ce qu'il a appris en français. En retournant chez lui, un policier l'arrête pour l'interroger :

— Comment t'appelles-tu ?

— Euh... Manche de pelle.

— Tu veux rire de moi ? Pour qui tu me prends ?

— Pour une perruche.

— Hé toi ! Veux-tu aller en prison ?

— Non, je te laisse y aller tout seul !

•

Deux voisins discutent :

— J'ai passé une fin de semaine formidable à la chasse !

— As-tu attrapé quelque chose ?

— Oui, un chevreuil et cinq panous.

— Mais qu'est-ce que c'est des panous ?

— Ce sont de petites bêtes qui se

cachent derrière les arbres en criant toujours : Non, panous, panous !

•

Quel est le comble pour une poire ?
Tomber dans les pommes !

•

— Dans un moment il y en a deux ; dans une minute il y en a une. Qu'est-ce que c'est ?
— Je ne sais pas.
— La lettre M.

•

La prof : Où est-ce qu'on trouve les pommes ?
Thérèse : Dans un pommier.
La prof : Très bien ! Et où trouve-t-on les poires ?
Jean : Dans les poiriers.
La prof : C'est bien ! Et les dattes ?
Sylvie : Dans les calendriers !

•

— Qu'est-ce que les extraterres-
tres mettent sur leurs rôties le matin ?

— Je ne sais pas.

— Objet collant non identifié !

●

Le prof d'éducation physique :

— Vous êtes tous prêts pour la
randonnée en forêt ? Alors écoutez
bien. Personne ne doit sortir du sen-
tier, vous pourriez vous blesser. Si l'un
de vous ne m'écoute pas et se casse
une jambe, je ne veux pas le voir courir
vers moi en pleurant !

●

Pourquoi, au baseball, le lanceur
lève toujours une jambe ?

Parce que, s'il levait les deux, il
tomberait !

●

Qu'est-ce que les gens peuvent
faire mais qu'on ne peut pas voir ?

Du bruit !

●

Chez le médecin :

— Docteur, tout le monde me traite comme un chien.

— Mais voyons donc ! Premièrement, ce sont des idées que vous vous faites. Deuxièmement, qui vous a permis de monter sur mon fauteuil avec vos pattes sales ?

●

— Sais-tu combien ça prend de nigauds pour faire du maïs soufflé ?

— Non.

— Cinq.

— Comment ça ?

— Un pour tenir le chaudron, quatre pour brasser la cuisinière.

●

Stéphane entre dans le bureau de l'infirmière de l'école :

— J'ai un problème.

— Qu'est-ce que c'est ? lui demande l'infirmière.

— Eh bien, chaque fois que je me

lève et que je me rassois à mon pupi-
tre, je fais un petit bruit... qui pourrait
être un genre de petit pet... mais ça ne
sent rien du tout !

— Bon, on va voir ça. Viens t'asseoir et te lever à quelques reprises à
mon bureau.

Stéphane fait ce que lui demande
l'infirmière et, en effet, laisse sortir à
chaque fois un petit gaz.

— Alors, vous avez entendu ?
demande-t-il à l'infirmière. Qu'est-ce
que vous dites de ça ?

— Je dis que tu as un grave problème d'odorat ! répond l'infirmière en
se bouchant le nez.

•

Chez le directeur du cirque :
— Monsieur, j'ai un numéro
formidable à vous présenter !
— Qu'est-ce que c'est ?
— J'imite un oiseau.
— J'ai déjà vu ça cent fois ! Vous
mangez des vers de terre, c'est ça ?

— Non.

— Vous vous envolez par la fenêtre ?

— Non plus.

— Alors qu'est-ce que vous faites ?

— J'imite le coq et je fais se lever le soleil !

●

Madame Chapleau : Moi, la dernière fois que j'ai été malade, je me suis fait soigner par un homéopathe.

Madame Chicoine : Ah bon ! Moi quand j'ai fait ma crise de foie, je suis allée voir un nommé Latendresse.

●

Quel poisson va au ciel à sa mort ? L'ange de mer.

●

Au magasin, Rod s'achète un foulard.

— Combien ça coûte ?

— Le foulard est 45 dollars.

— 45 dollars ! Mais c'est aussi cher qu'un jean !

— Peut-être, mais vous auriez l'air pas mal fou avec un jean autour du cou !

•

Un producteur de films téléphone à un acteur :

— J'ai de bonnes et de mauvaises nouvelles pour toi, annonce le premier.

— Vite, répond l'acteur, donnez-moi les bonnes nouvelles.

— J'ai décidé de te donner le rôle principal dans mon prochain film.

— Super, de s'écrier l'acteur. Enfin, je deviendrai célèbre. Et quelle est la mauvaise nouvelle ?

— Tu vas jouer le rôle de l'Homme invisible.

•

Le prof : Si c'est toi qui chantes, tu dis « Je chante ». Si c'est ton père qui chante, que dis-tu ?

L'élève : Je dis « Arrête » !

•

Maxime a rendez-vous chez le médecin :

— Maxime, je crois qu'il est primordial que tu changes complètement ton alimentation. Alors j'aimerais que tu cesses de manger de la charcuterie, des fromages gras, des grignotines, tous les gâteaux et biscuits. Plus de bonbons, ni de boissons gazeuses, ni d'arachides ; et surtout pas de crème glacée !

— Mon Dieu, docteur, est-ce que je vais pouvoir continuer à me ronger les ongles ?

●

— J'aurais bien voulu aller dire à Sébastien quel imbécile il est, mais je déteste les foules !

●

Comment s'appelle le meilleur concierge hongrois ?
Ipas Lebalè.

●

Peter prend des cours de français. Il entend son professeur dire à un élève :

— Mon cher, vous êtes vachement avancé dans vos devoirs !

Peter retient cette phrase et s'en retourne à la maison. Sur le chemin, il rencontre une jeune fille du cours qui lui plaît beaucoup. Il décide de lui parler et de lui faire un compliment.

— Ma chère, je voulais te dire...

Mais rien ne sort ! La fameuse phrase du prof ne lui est malheureusement pas restée en tête. Après avoir fait travailler sa mémoire pendant une minute, ça y est ! ça lui revient !

— Ma chère, reprend-il, je voulais te dire que je te trouve gentille comme une vache !

•

Lucie, Alberto et Véronica sont en camping. Ils ont passé une journée infernale ! Les maringouins ne les ont pas laissés en paix une seule seconde ! Lucie est convaincue que, maintenant que la noirceur est arrivée, il n'y aura plus aucun problème, les moustiques vont se coucher.

— Ah oui ? s'exclame Alberto en voyant arriver une horde de mouches à feu. Ben j'ai l'honneur de t'annoncer qu'ici, les maringouins ont des lampes de poche !

•

Comment s'appelle le plus mauvais vendeur russe ?
Ivan Pafor.

•

— Qu'est-ce qui ressemble comme deux gouttes d'eau à une moitié de pomme ?
— Je ne sais pas.
— L'autre moitié !

•

Le lendemain d'une grosse inondation, tout le monde en parle à l'école.
— Chez nous, c'est effrayant ! Il y avait au moins 30 centimètres d'eau dans le sous-sol.

— Tu devrais voir chez nous! Dans la cave, tous mes jeux sont en décomposition totale!

— C'est drôle mais chez moi, il n'y a aucun signe d'inondation!

— Hein! Chanceux! Comment ça se fait?

— Ça doit être parce que j'habite juste à côté de l'usine d'essuie-tout!

•

Que dit l'enveloppe au timbre?
Je te trouve pas mal collant!

•

Monsieur Laurin rentre à la maison l'air très énervé et dit à sa femme:

— J'ai failli me faire renverser par une voiture! J'ai eu tellement peur! En tout cas, je l'ai échappé belle! Un pied de plus et c'est un mort qui te parlerait en ce moment!

•

— Qu'est-ce que tu gardes même quand tu la donnes?

— Je ne sais pas.

— La grippe!

●

Monsieur Demers s'en va jouer au casino. Soudainement, il pousse un cri, se prend le ventre à deux mains et tombe sans connaissance!

Un homme qui se trouve à côté dit à sa femme:

— Ça m'a tout l'air d'une crise d'angine!

— Ah! Tu crois? Je te parie un jeton de dix dollars qu'il fait une crise de foie!

●

Quel est l'animal qui chante le plus haut?

La girafe!

●

Quelle est la meilleure façon de téléphoner à l'Abominable Homme des neiges?

En faisant un interurbain!

•

Quel est le commencement de l'univers?

La lettre u.

•

La prof : Pourquoi t'assois-tu toujours aussi proche du tableau, Lucie?

Lucie : C'est parce que j'ai des problèmes avec mes yeux.

La prof : Ce ne serait pas plutôt pour être plus près de ton amie France?

Lucie : Non, non. Je suis myope, c'est tout!

La prof : Peux-tu me le prouver?

Lucie : Certainement. Est-ce que vous voyez la petite mouche sur le mur du fond, juste à côté du clou planté à gauche de la petite tache noire?

La prof : Oui.

Lucie : Ben moi, je ne la vois pas!

•

— Quel est l'arbre le plus frileux ?
— Je ne sais pas.
— Le sapin.
— Pourquoi ?
— Il garde toujours ses épines !

•

— Ouache ! Je viens de trouver un petit ver dans ma salade !
— T'es chanceux !
— Pourquoi ?
— Tu aurais pu trouver la moitié d'un ver dans ta salade !

•

— Quelqu'un m'a dit que tu avais consulté plusieurs médecins pour des examens du cerveau mais qu'ils n'ont rien trouvé !

•

Un soir, pendant son spectacle, un magicien vraiment maladroit manque son coup et scie son fils en plusieurs morceaux.

Sa femme, qui entend la nouvelle à la télévision, accourt à l'hôpital.

— Où est mon fils ? Où est mon fils ? crie-t-elle à l'infirmière à l'urgence.

— Chambres 207, 208 et 209...

•

— Je suis allé voir ton médecin pour mon problème de poids.

— Celui qui m'avait conseillé de faire le vide dans ma tête pour mes problèmes de migraine ?

— Oui, celui-là.

— Et qu'est-ce qu'il t'a dit ?

— Il m'a conseillé de faire le vide dans mon réfrigérateur !

•

Pourquoi les éléphants ont les yeux rouges ?

Pour pouvoir se cacher dans les champs de fraises !

•

Toc ! Toc ! Toc !

— Qui est là ?

— La bine.
— La bine qui ?
— La bine fait pas le moine !

●

La mère : Marie-Claire, je vais faire une commission. Si madame Faucher appelle, dis-lui que je reviens dans une heure.

Marie-Claire : O.K. maman. Et si elle n'appelle pas, qu'est-ce que je dis ?

●

— Mon amoureux, il devrait s'appeler Rock.
— Pourquoi ?
— Parce qu'il a un vrai cœur de pierre !

●

La prof : Qui peut me faire une phrase pour illustrer le mot « égoïste » ?

Laurence : Moi ! Moi !

La prof : Je t'écoute.

Laurence : Quelqu'un qui est

égoïste, c'est quelqu'un qui ne pense
jamais à moi !

•

— Qu'est-ce qui a 34 jambes, 9
têtes et 2 bras ?
— Je ne sais pas.
— Le père Noël et ses rennes.

•

La mère : Arrête tout de suite
d'écrire sur le mur, c'est sale !
Le fils : Mais non, maman, j'écris
des noms propres !

•

Roxane et Raoul se promènent dans
la jungle quand ils entendent un rugis-
sement effrayant. Ils se regardent avec
inquiétude puis voient surgir au loin un
lion. Roxane sort vite un soulier de
course de son sac à dos et l'enfile. Elle
en sort un deuxième et le met aussitôt.
— Mais Roxane, dit Raoul, pourquoi tu mets des souliers de course ?

Tu sais bien que le lion court bien plus vite que toi de toute façon !

— Mais ce n'est pas pour courir plus vite que le lion, c'est pour courir plus vite que toi !

●

Au restaurant :

— Garçon ! Qu'est-ce que cette mouche fait dans ma soupe ?

— On dirait qu'elle est en train d'essayer de sortir, monsieur !

●

À l'épicerie :

— Je voudrais une demi-livre de steak haché, s'il vous plaît.

— Très bien madame ; et avec ça ?

— Avec ça ? Ben, je vais faire un pâté chinois !

●

Alexis arrive à l'école un matin avec un pied dans le plâtre.

— Pauvre toi ! lui dit son ami Denis.

— Ce n'est rien, ça ! Mon frère, lui,

il ne sera pas capable de s'asseoir pour
au moins deux semaines !

•

— Quel est le mot que tout le
monde prononce mal ?
— Je ne sais pas.
— Mal !

•

— Quelle est la différence entre le
journal et la télévision ?
— Je ne sais pas.
— C'est difficile d'écraser une
mouche avec la télévision !

•

— Connais-tu la blague du poulet ?
— Non.
— Elle est bonne à s'en lécher les
doigts !

•

Toc ! Toc ! Toc !
— Qui est là ?

— Lace.
— Lace qui ?
— Lace igale et la fourmi !

•

Louis : Maman, je suis désespéré !
Tu sais, le grand Tremblay, il m'a dit
que la prochaine fois qu'il me verrait, il
me mettrait son pied au derrière.
Qu'est-ce que je devrais faire ?

La mère : J'ai juste un conseil à te
donner. La prochaine fois que tu aper-
çois le grand Tremblay, assois-toi au
plus vite !

•

Le père : Simon, combien de fois il
va falloir que je te le dise ! Ferme la
porte, il fait froid dehors !

Simon : Ha ! Et si je ferme la porte,
tu crois vraiment qu'il va faire moins
froid dehors ?

•

La prof : Carlos ! Tu aurais dû être ici
ce matin à 8 h 30 !

Carlos : Pourquoi ? Est-ce que j'ai manqué quelque chose d'intéressant ?

•

Comment fait-on pour capter les postes de télé de la Floride ?
On met une orange au bout de l'antenne !

•

Toc ! Toc ! Toc !
— Qui est là ?
— Alain.
— Alain qui ?
— Alain térieur !

•

— Mon Dieu qu'il fait noir ce soir !
— Ah tu trouves ? Moi je ne vois rien !

•

— Est-ce que ton père aime la musique ?
— Avec son métier, il n'a pas le choix.

— Pourquoi ? Qu'est-ce qu'il fait ?

— Il travaille dans une mine, alors il passe ses journées dans le « rock » !

•

Deux copains discutent :

— Étonne-moi. Dis quelque chose d'intelligent !

•

Quelle est la chose qu'il faut absolument éviter de faire quand on rencontre un cannibale affamé ?

Lui donner la main !

•

— Qu'est-ce que tu fais avec toutes ces ampoules brûlées ?

— C'est pour éclairer ma chambre noire.

•

Le bébé éléphant : Maman, je viens de perdre une défense !

Maman éléphant : C'est tout à fait naturel, mon petit. C'était une défense de lait !

•

L'optométriste : Monsieur, vous avez besoin de lunettes.

Le patient : Mais j'ai déjà des lunettes !

L'optométriste : Oups ! Dans ce cas-là, c'est moi qui ai besoin de lunettes !

•

Quelle heure était-il quand l'éléphant est tombé sur la bicyclette ?

Il était l'heure de la réparer !

•

Comment peut-on diviser également cinq pommes entre six personnes ?

En faisant de la compote !

•

Henri vient de recevoir sa première paire de lunettes chez l'optométriste.

— Docteur, vous me promettez qu'avec ces lunettes-là je vais être capable de lire au tableau, de lire le journal, de lire le nom des rues ?

— Absolument!

— Wow! C'est fantastique! Je suis juste en maternelle!

•

— Hé, Regarde! Ton chien est en train de lire le journal!

— Non, non! Il fait semblant. En réalité, il ne sait pas lire, il regarde juste les photos!

•

— Dans quelle bouteille est-il absolument impossible de mettre du jus de légumes?

— Euh... je ne sais pas.

— Dans une bouteille pleine!

•

Quelle différence y a-t-il entre une gomme et un avion?

La gomme colle, l'avion décolle!

•

— Comment va le directeur de ta chorale?

— Ah! Ne m'en parle pas! Il a fait un arrêt du choeur!

•

— Sais-tu quel bruit font deux vampires qui se donnent un bec?

— Non.

— Ça fait « aoutch »!

•

Chez le médecin:

— Docteur, ça va mal. Chaque matin, en déjeunant, je suis atteint d'une très grande douleur.

— À quel endroit exactement?

— Juste ici, en haut du nez, entre les deux yeux.

— Je vois ce que c'est!

— Oh! oui, docteur? S'il vous plaît, dites-moi ce que je peux faire!

— Eh bien, vous pourriez peut-être essayer de penser à enlever la petite cuillère de la tasse quand vous prenez votre café !

•

Laurie et Cécile sont contentes de se retrouver après le long congé des fêtes.

— Moi, cette année, j'ai donné deux cadeaux à ma sœur pour Noël.

— Ah oui ! Lesquels ?

— Une paire de mitaines !

•

— Comment s'appelle la mère de la médecine ?

— Je ne sais pas.

— La mère Curochrome.

•

Toc ! Toc ! Toc !

— Qui est là ?

— Tom.

— Tom qui ?

— Tomate !

•

— Mon coiffeur a une drôle de méthode.

— Qu'est-ce qu'il fait ?

— Il raconte toujours des histoires d'horreur à ses clients.

— Pourquoi ?

— Il dit que ça fait dresser les cheveux sur la tête et que son travail est alors beaucoup plus facile !

•

— Pourquoi les gens gourmands aiment-ils les orages ?

— Je ne sais pas.

— Parce qu'ils raffolent des éclairs !

•

Deux employés de la ville sont en train de réparer un trou dans la rue.

— Ah non ! dit l'un des deux. Je viens de briser ma pelle !

— Bof ! C'est pas grave ! Appuie-toi sur le camion !

•

Une voiture s'arrête à une intersection. Un piéton qui attend l'autobus dit à l'automobiliste :

— Votre moteur fait beaucoup de bruit !

— Quoi ?

— Je dis : Votre moteur fait beaucoup de bruit !

— Pardon ?

— VOTRE MOTEUR FAIT BEAUCOUP DE BRUIT !

— Parlez plus fort s'il vous plaît, mon moteur fait beaucoup de bruit !

•

Le juge : Je vous condamne à deux ans de prison pour le vol du coffre-fort de monsieur Pratte.

— Mais monsieur le juge, je ne mérite pas une telle peine !

Le juge : Ah ! non, pourquoi ?

Le voleur : C'est vrai que j'ai cambriolé monsieur Pratte mais son coffre-fort était vide !

•

— Qui exerce le métier le plus dangereux ?

— Je ne sais pas.

— Le dentiste de Dracula !

●

Un voleur entre un soir chez monsieur et madame Dubé. Il prend un crayon, dessine un grand rond par terre et dit au couple :

— Vous allez vous tenir debout dans ce rond pendant que je cambriole la maison et pas question de sortir du cercle pour aller téléphoner à la police sinon... je tue votre chien ! Est-ce que c'est assez clair ?

Monsieur et madame Dubé se taisent et entrent dans le cercle. Le voleur remplit son sac de toutes les choses précieuses qu'il trouve et se sauve.

Madame Dubé demande alors à son mari :

— Mais veux-tu me dire qu'est-ce que tu avais à rire tout bas pendant tout ce temps-là ?

— Hi! Hi! Je ris parce que pendant que le voleur était là, je suis sorti trois fois du cercle, j'ai mis deux fois la main sur le téléphone et le voleur n'a même pas tué le chien!

●

Au restaurant:
— Garçon!
— Oui, madame. Que puis-je vous servir?
— Je voudrais des fautes d'ortho-graphe.
— Mais nous ne servons pas de ça ici!
— Ah oui? Alors pourquoi en avez-vous sur le menu?

●

La prof: Comment naissent les poissons?
Odile: Dans des œufs.
La prof: Et les grenouilles?
Virginie: Ce sont d'abord des têtards.

La prof : Et d'où viennent les serpents ?

Aurèle : Des oeufs.

La prof : Et les oiseaux ?

Ariane : Ils naissent dans des oeufs
aussi.

La prof : Et les lapins, eux, d'où
viennent-ils ?

Jeanne : Des chapeaux de magi-
ciens !

•

— Sais-tu pourquoi le Père Noël
visite chaque maison le soir de Noël ?

— Pour porter nos cadeaux,
voyons !

— Mais non, pas du tout ! C'est
pour pouvoir manger des biscuits et
boire du lait !

•

— Je suis sûre que mon fils va faire
un bon médecin.

— Pourquoi ?

— Parce qu'il est toujours en train

de briser ses crayons pour voir s'ils ont bonne mine !

•

C'est la fête de Jacinthe. Toute contente, elle demande à son frère :

— Tu m'as promis que tu me ferais une surprise pour ma fête.

— Oui, c'est vrai.

— Alors, qu'est-ce que c'est ?

— La surprise, c'est que je ne te ferai pas de cadeau cette année !

•

Pourquoi y a-t-il des gens qui portent des drapeaux dans les défilés ?

Parce que les drapeaux ne savent pas marcher.

•

Deux boulettes de viande jouaient à la cachette. Une dit à l'autre :

— Où steak haché ?

•

À quel moment est-ce le plus économique d'appeler son ami japonais?

Quand il n'est pas là!

●

Gilberto : J'imagine que tu sais compter jusqu'à 10?

Janie : Bien sûr!

Gilberto : Et est-ce que tu sais comment comptent les soldats?

Janie : Un-deux-un-deux-un-deux-un-deux.

Gilberto : Oui, c'est ça! Et sais-tu comment comptent les danseurs?

Janie : Ils disent toujours « une, deux, trois, quatre, une deux, trois, quatre »!

Gilberto : Bravo! Et maintenant, comment les pompiers comptent-ils?

Janie : Ah, ça, je ne sais pas!

Gilberto : 1, 2, 3, 4, 5, 6, 7, 8, 9, 10, valet, dame, roi!

●

— Est-il possible de monter en bas?

— Oui, si on enlève nos chaussures!

●

Chez le médecin :

— Docteur, j'ai des haricots qui poussent dans mes oreilles!

— Mon Dieu, c'est bizarre!

— Ah! oui, j'avais planté des concombres!

●

Qu'est-ce qui est sur une feuille, a une tête, un œil, un nez, une bouche, un corps, pas de jambes et rien qu'un bras?

Un dessin pas encore fini...

●

Deux fakirs discutent :

— Je m'en vais tantôt chez l'acupuncteur.

— Ah, chanceux!

●

Une femme qui a de longs cheveux revient du salon de coiffure.

— Chéri, dit-elle à son mari chauve, regarde comme mes cheveux ont du corps.

— Ouais. Si au moins mon corps pouvait avoir des cheveux !

●

Deux chiens regardent des employés de la ville installer des parcomètres. L'un dit à l'autre :

— En tout cas, s'ils croient que je vais payer pour faire pipi, ils se mettent un doigt dans l'œil !

●

À l'école, un invité spécial vient parler de l'Australie. Après son départ, le prof demande aux élèves :

— Qui aimerait aller visiter l'Australie ?

Tout le monde lève la main sauf Nicholas.

— Nicholas, dit le prof, tu ne veux

pas visiter l'Australie ? Ça ne t'intéresse pas ?

— Oui... mais ma mère m'a dit de
rentrer à la maison tout de suite après
l'école !

•

Pourquoi les mille-pattes ne peuvent pas jouer au hockey ?

Le temps de mettre leurs patins, et
la partie est déjà terminée !

•

— Qu'est-ce qui est rond, rouge et
qui fait bzzz ?

— Je ne sais pas.

— Une cerise électrique !

•

— Mon voisin aime tellement la
pêche qu'il a marié une femme avec
des verres !

•

— Sais-tu ce qui arrive aux serpents qui boivent trop de bière ?
— Non.
— Ils ont la gueule de boa !

•

— Sais-tu pourquoi les chiens shitsu ont le nez plat ?
— Non.
— Parce qu'ils courent après des autos stationnées !

•

Le prof : Quel est le fruit du poirier ?
Samuel : La poire.
Le prof. C'est ça. Et le fruit du pommier ?
Samuel : La pomme.
Le prof : Très bien ! Et celui de l'abricotier ?
Samuel : La brique.

•

Au restaurant :
— Garçon ! il y a une mouche dans ma soupe !

— Bof, ce n'est pas très grave, madame. Regardez la belle araignée sur votre pomme de terre, elle va s'en occuper.

●

— Sais-tu pourquoi les chiens passent leur temps à se gratter ?
— Non.
— Parce qu'ils sont les seuls à savoir où ça pique.

●

— Moi, j'adore faire des modèles réduits.
— Moi aussi !
— Alors tu peux comprendre la peur que j'ai eue la semaine dernière quand je suis allé en voyage et que j'ai entendu le pilote dire : Mesdames et messieurs, l'avion va décoller dans deux minutes !

●

Sam : Il fait froid aujourd'hui, hein ?
Dany : Je comprends !
Sam : C'est pour ça que tu as mis tes combinaisons ?

Dany : Hein ! Comment as-tu deviné que j'avais mis mes combinaisons ce matin ?

Sam : Très facile. Tu n'as pas mis ton pantalon !

●

Deux nigauds décident de pousser un édifice. Ils enlèvent leurs manteaux, les laissent par terre derrière eux et se mettent à pousser de toutes leurs forces.

Un voleur s'approche d'eux sans bruit et part avec leurs manteaux.

Quelques minutes plus tard, un des deux nigauds se retourne et dit à son copain :

— Wow ! On a poussé l'édifice tellement loin qu'on ne voit même plus nos manteaux !

●

— Mon réveille-matin est brisé.

— Pauvre toi, alors il ne te donne jamais plus la bonne heure !

— Mais oui, deux fois par jour !

●

— Ma meilleure amie est une jumelle.

— Et comment fais-tu pour la reconnaître ?

— Bof, c'est facile ! Son jumeau est beaucoup plus grand qu'elle !

•

Quelle est la différence entre un lever de soleil et un coucher de soleil ?

Une journée !

•

Richard rentre à la maison après l'école, tout sale et complètement mouillé.

— Mais qu'est-ce que tu as fait ! s'écrie sa mère.

— Ben... je suis tombé dans une flaque d'eau.

— Avec ton beau pantalon neuf !

— Mais maman, je n'ai pas eu le temps d'en mettre un autre...

•

— Sais-tu ce qui est le plus dur quand on apprend à faire du patin à roues alignées?

— Non.

— L'asphalte!

●

On me remplit chaque matin et on me vide chaque soir, et une seule fois par année on me remplit le soir et on me vide au matin. Que suis-je?

Un bas.

●

— Je connais un instrument de musique vraiment pas gêné.

— Ah! oui, lequel?

— La harpe, c'est un piano tout nu!

●

— Ahhh! Que j'aimerais gagner le million!

— Mais pour quoi faire?

— Pour ne rien faire, justement!

●

— Qu'est-ce que tu fais avec une règle dans ton lit ?

— C'est pour savoir si je dors profondément !

•

Nicholas arrive à l'école en pleurant :

— Qu'est-ce qui se passe ? lui demande son professeur.

— En marchant pour venir à l'école snif... un gros coup de vent a fait s'envoler ma boîte à lunch !

— Pauvre toi ! Et qu'est-ce que tu avais pour dîner ?

— Un vol-au-vent !

•

La prof : Mylène, si je te donne trois bonbons aujourd'hui et que je t'en donne cinq autres demain, combien en auras-tu en tout ?

Mylène : Dix.

La prof : Mais non, voyons !

Mylène : Oui, oui. Parce que j'en ai déjà deux !

•

Un passager entre dans l'autobus et dit au chauffeur :

— Je me demande bien pourquoi vous placez un horaire du trajet dans l'abribus ! De toute façon, vous êtes toujours en retard !

— Cher monsieur, comment feriez-vous pour savoir que l'autobus est en retard s'il n'y avait pas d'horaire ?

●

Au restaurant :

— Garçon, pouvez-vous m'apporter un verre d'eau, s'il vous plaît ?

— Bien sûr, monsieur. C'est pour boire ?

— Non, c'est pour m'entraîner à la nage synchronisée...

●

La mère : Tu es gentille de tricoter des mitaines pour notre voisine qui est à l'hôpital.

Jasmine : Sais-tu si à cause de son

accident ils vont devoir lui couper un bras?

La mère : Mais non! Pas du tout, voyons donc! Pourquoi tu me poses une question pareille?

Jasmine : Ben, parce que j'aurais eu besoin de tricoter juste une mitaine...

•

Qu'est-ce qui est bleu, blanc et rouge?

Un schtroumpf qui saigne du nez!

•

— J'ai lu une drôle d'annonce dans le journal ce matin.

— Qu'est-ce qu'elle disait?

— « Gros chien pitbull à vendre. Mange de tout et aime beaucoup les enfants! »

•

Deux astronautes sont en orbite autour de la Terre. L'un d'eux sort de la navette pour une petite expédition dans l'espace. Après une dizaine de minutes, il veut rentrer mais trouve la porte barrée. Il frappe. Pas de réponse. Il frappe encore, un peu énervé. Pas de réponse. Il se met alors à tabasser la porte de toutes ses forces! Il entend alors la voix de son copain à l'intérieur, qui demande :

— Qui est là?

•

— Est-ce que ça t'ennuie ce que je te raconte?

— Non, non. Mais n'oublie pas de me réveiller quand tu auras fini.

•

Le père : Qu'est-ce que tu as appris à l'école aujourd'hui, Louise?

Louise : J'ai appris que tous les exercices de mathématiques que tu as faits pour moi hier soir étaient mauvais!

•

Anthony et Victor discutent de vélo :

— Alors, dit Victor à son copain, comment te débrouilles-tu à bicyclette ?

— Pas mal du tout ! J'ai réussi à faire trois fois le tour du bloc tout seul ! Et toi ?

— Oh, moi ? Je fais beaucoup de progrès !

— Ah ! oui ? Tu es capable de te tenir sur deux roues maintenant ?

— Non, pas encore, mais quand je tombe, je ne me fais presque plus mal !

●

Quel est le mois le plus court ?
Le moi de mai : il n'a que trois lettres.

●

Joanne et Blanche sont en voyage dans les Rocheuses. L'autobus qui les conduit passe dans un chemin plutôt dangereux.

— Monsieur le chauffeur, dit Joanne, faites attention! Chaque fois qu'on prend un virage, vous me faites peur! On dirait toujours qu'on va tomber dans le précipice.

— Chère madame, si vous avez peur, faites comme moi. Fermez les yeux!

●

Pendant toute la journée et toute la nuit, nous tournons toujours en rond. Moi, je suis grande et je vais vite, mon amie est plus petite et se promène très lentement. Qui sommes-nous?

Les deux aiguilles d'une montre!

●

Henri: Est-ce qu'il te reste beaucoup de bonbons d'Halloween?

Vincent: Je ne sais pas. Avant de te répondre, il faudrait que je regarde dans l'estomac de mon frère!

●

— Quel est l'animal le plus propre du monde ?

— Le chat ?

— Non, le taureau.

— Pourquoi ?

— Parce qu'il essuie toujours ses pattes avant de foncer !

●

— Bonjour, est-ce que je parle au directeur de l'école ?

— Oui, c'est moi.

— Bon, c'est pour vous dire que ma fille Irène n'ira pas à l'école ce matin.

— Ah bon ! Et pourquoi ?

— Euh... elle est très malade !

— D'accord, et qui parle s'il vous plaît ?

— C'est ma mère.

●

Qu'est-ce qui est noir, blanc, noir, blanc, noir, blanc, noir ?

Un chef d'orchestre qui déboule les escaliers.

●

Qu'est-ce qui est noir, blanc, noir?
Un biscuit Oréo!

•

Un jour, Samuel revient à la maison en pleurant.

— Qu'est-ce qui se passe mon grand? lui demande sa mère.

— Tu sais, la pomme que tu m'as donnée tantôt, je l'ai échappée sur le trottoir en allant voir le défilé.

— Mais pourquoi ne l'as-tu pas ramassée?

— Juste au moment où je me penchais pour la prendre, j'ai entendu cinquante tambours me dire en même temps: TORAPATAPOM! TORAPATA-POM! TORAPATAPOM!

•

Marie-Ève: Qui peut se déplacer aussi vite que la navette spatiale?

Gabrielle: Euh... je ne sais pas.

Marie-Ève: L'astronaute qui est dedans!

•

— Quelle est la boisson la plus forte du monde ?

— Euh... le cognac ?

— Non, l'eau.

— Comment ça ?

— Parce qu'elle transporte les bateaux !

•

— Qu'est-ce qui arriverait si on coupait les deux oreilles à notre prof ?

— Je ne sais pas.

— Elle ne pourrait plus voir.

— Hein ! Pourquoi ?

— Elle ne pourrait plus faire tenir ses lunettes !

•

Qui peut boire sans jamais avaler ?
Une éponge.

•

Chez le psychiatre :

— Docteur ! Docteur ! tout le monde me dit que je me prends pour un singe !

— Bon, bon! Premièrement, descendez de ma bibliothèque et donnez-moi cette banane; nous allons en parler.

•

Le prof: Qu'est-ce qui a quatre pattes, une longue queue, des oreilles pointues, des sabots et une crinière, mais qui n'est pas un cheval?

Jules: Euh... je ne sais pas.

Le prof: Une jument!

•

— Sais-tu pourquoi les hublots des bateaux sont ronds?

— Je n'en ai aucune idée.

— C'est pour ne pas recevoir l'eau carrément dans la figure!

•

Maroun: Est-ce que tu te brosses les cheveux avec la main gauche ou avec la main droite?

Geneviève: Avec la main droite.

Maroun : Ah bon ! Moi je fais ça avec un peigne !

•

Un homme fait une demande d'emploi comme chasseur de crocodiles.

— Avez-vous de l'expérience dans ce domaine ? lui demande le patron.

— Oui, beaucoup ! J'ai travaillé pendant vingt ans dans le pôle Nord.

— Dans le pôle Nord ? Mais il n'y a pas de crocodiles au pôle Nord !

— Vous voyez que je suis efficace !

•

Un monsieur, portant sur son nez des lunettes très épaisses, va consulter son médecin :

— Docteur, j'ai beaucoup de difficulté à m'endormir.

— Je vous dirais bien de compter des moutons, mais dans votre cas, avec ce problème de myopie, je vous recommanderai plutôt de compter des éléphants !

•

— Ma voisine est tellement maigre que quand elle boit du jus de tomate, on l'appelle le thermomètre !

•

Toc ! Toc ! Toc !
— Qui est là ?
— Le con.
— Le con qui ?
— Le confident du roi !

•

Le prof : Simon, comment peux-tu prouver que la terre est ronde.
Simon : Je n'ai jamais fait une telle affirmation.

•

Deux camarades de classe qui ne s'entendent pas très bien discutent un bon matin :
— Moi, ma mère m'a toujours dit que manger du poisson rend intelligent.
— Eh bien, c'est drôle, ça ! Justement, du poisson, moi j'en mange le plus souvent possible !

— Ah! Il va falloir que je dise ça à ma mère!

— Quoi? Que je mange du poisson?

— Non, qu'elle s'est complètement trompée dans sa théorie!

●

Qu'est-ce qui est rond, petit et vert?

Un petit rond vert!

●

Valérie a un rendez-vous chez l'optométriste. Celui-ci lui demande de lire les lettres de la première ligne sur son tableau spécial.

— Non, je ne peux pas, lui dit Valérie.

— Et sur la deuxième ligne?

— Non plus.

— Oh la la! Tu as vraiment de graves problèmes de vision! Il n'y a aucune lettre que tu peux lire?

— Oui, sur la dernière ligne, il y a un b, un c et un a.

— Mais c'est incroyable ! Tu peux lire ces lettres ? Ce sont les plus petites du tableau !

— Peut-être, mais moi je viens juste de commencer l'école et je connais seulement ces trois lettres-là !

•

— Connais-tu l'histoire du gars qui voulait rentrer dans la police ?

— Non.

— Eh bien, la police s'est tassée et le gars est rentré dans le mur !

•

Toc ! Toc ! Toc !

— Qui est là ?

— L'épée.

— L'épée qui ?

— L'épée tard à mèche !

•

Chez le médecin :

— Docteur, pouvez-vous faire quelque chose pour moi ?

— Bien sûr, quel est ton problème ?

— J'aime faire mes devoirs !

●

— Hum ! Il est bon ton poulet ! Qu'est-ce que tu as mis dedans ?

— Rien, quand je l'ai acheté il était déjà plein !

●

La prof : Qu'est-ce que tu as à trembler comme ça, Jean-Marc ? Tu as froid ?

Jean-Marc : Non, ça doit être le zéro sur ma feuille d'examen !

●

Comment appelle-t-on un stationnement au Mexique ?

Ouéma coxinel.

●

Hercule : Mon examen m'énerve tellement que j'ai peur de perdre la tête !

Françoise : Bof ! ne t'inquiète pas ! De toute façon, ce ne serait pas une bien grosse perte !

•

— Moi je n'aime pas le fromage avec des trous, dit Rachel à son amie Élaine.

— Eh bien, tu n'as qu'à manger le fromage et à laisser les trous dans l'assiette !

•

Le passager : Monsieur le chauffeur, est-ce que cet autobus arrête au métro ?

Le chauffeur d'autobus : S'il n'arrêtait pas, monsieur, ça ferait tout un accident !

•

Une mère demande à sa fille après sa première journée à l'école :

— Et puis, as-tu appris des choses intéressantes aujourd'hui ?

— Oui, mais pas assez. Il faut que j'y retourne demain !

●

— Peux-tu me faire une phrase avec Thérèse et Armande ?

— Euh...

— Mange Thérèse crispies et Armande z'en plus !

●

— Qu'est-ce qui est plus difficile à supporter qu'un grand frère ?

— Je ne sais pas.

— Deux grands frères !

●

— Quelqu'un m'a suggéré un très bon truc pour perdre du poids.

— Qu'est-ce que c'est ?

— Je fais de l'équitation.

— Et est-ce que ça marche?

— Je comprends! Mon cheval a déjà perdu 10 livres!

•

Alice : Moi, je veux me marier avec grand-papa.

La mère : Mais qu'est-ce que tu dis là? Tu ne peux pas épouser ton grand-père, c'est mon père!

Alice : Et puis? Toi tu t'es bien mariée avec mon père!

•

Toc! Toc! Toc!
— Qui est là?
— L'air.
— L'air qui?
— L'air heure est humaine!

•

Un homme entre au magasin avec son chat et son chien. En arrivant à la caisse, le chien dit :

— Vous me donnerez un paquet de gomme, s'il vous paît.

— Mon Dieu! s'écrie le caissier. Je ne savais pas que les chiens savaient parler!

— Moi non plus! répond le chat.

•

— Si tu avais une pomme, comment l'appellerais-tu?

— Je la pèlerais avec un couteau!

•

Le futur marié : Chérie, il faut que je te dise quelque chose.

La future mariée : Quoi donc, mon amour?

Le futur marié : J'ai très peur d'aller en lune de miel.

La future mariée : Mais pourquoi?

Le futur marié : Parce que le docteur m'a dit que je devais me mettre au régime.

•

— Que lisent les kangourous?

— Je ne sais pas.

— Des livres de poche!

CONCOURS

Tu dois connaître, toi aussi, de courtes histoires drôles. Alors, pourquoi ne pas nous en faire parvenir quelques-unes?

Parmi celles reçues, certaines seront retenues pour publication et l'auteur(e) recevra une surprise.

Participe le plus vite possible et envoie tes histoires drôles à:

CONCOURS HISTOIRES DRÔLES
Les éditions Héritage inc.
300, rue Arran
Saint-Lambert (Québec)
J4R 1K5

Nous avons hâte de te lire!

À très bientôt donc!

Payette & Simms inc.

Achevé d'imprimer en août 1999 sur les presses de
Payette & Simms inc. à Saint-Lambert (Québec)